LE SIÉGE DE PARIS

1870-1871

SOUVENIRS PERSONNELS

D'UN VOLONTAIRE

LE SIÉGE DE PARIS

1870-1871

SOUVENIRS PERSONNELS

D'UN VOLONTAIRE

PAR M. DE SENEVAS

ÉVREUX

DE L'IMPRIMERIE D'AUGUSTE HÉRISSEY

1871

9e RÉGIMENT DE PARIS. — 17e BATAILLON DE GUERRE.
1re COMPAGNIE (CARABINIERS).

A MA FEMME,

A MES ENFANTS BIEN-AIMÉS

—

Ce n'est pas un livre, mais seulement des notes sur tout ce qui m'est arrivé pendant ces longs mois du siége de Paris. Je pensais à vous, mon cœur était avec vous.

R. DE SENEVAS.

LE SIÉGE DE PARIS

1870-1871

SOUVENIRS PERSONNELS

D'UN VOLONTAIRE

Au mois de juillet, j'étais au Tréport, lorsque survint la déclaration de guerre; rappelé par dépêche télégraphique, je me rendis immédiatement à Paris. Sur toute la route, on ne voyait qu'officiers et soldats rejoignant leurs corps; tous semblaient animés du meilleur esprit, et la certitude de la victoire ressortait de leurs conversations et de leurs chants guerriers. A Paris, même enthousiasme : jour et nuit, des chants et des cris; les cafés-concerts ne suffisaient pas à contenir la foule, qui ne voulait plus entendre que les hymnes patriotiques; les troupes qui traversaient la ville étaient reçues aux acclamations de : *Vive la ligne!* et répondaient : *A Berlin!* les états-majors faisaient leurs préparatifs, il leur était alloué des sommes considérables pour leurs équipages, leurs voitures; les dames devaient les accompagner, comme s'il se fût agi d'une promenade! Notre rue Saint-Dominique, toujours si calme, était encombrée de soldats allant chercher leur feuille de route à l'intendance.

La première quinzaine du mois d'août se passa ainsi : on apprit les désastres de nos armées, mais le public voulut à peine y croire et se persuada que tout était au mieux, que nos armées, irritées de ces premiers revers, prendraient une revanche plus éclatante. Aussi, lorsque le bruit mensonger d'une grande victoire se répandit un jour dans Paris, par une dépêche dont on ignora toujours l'origine, on ne peut se faire une idée de l'enthousiasme général. En moins d'une heure, toutes les maisons furent pavoisées; on s'arrêtait dans la rue, on se félicitait; mais aussi, lorsque la vérité fut connue et qu'on eut la certitude d'avoir été trompé, l'indignation éclata, et avec elle l'inquiétude entra dans presque tous les esprits. Hélas! bientôt les bulletins navrants nous arrivèrent, tous ne parlaient que de défaites. Les Prussiens entraient en Lorraine, nulle part ils ne trouvaient de résistance, quatre uhlans s'emparaient d'une ville de 20,000 âmes! Les armées fuyaient et se disaient trahies, Napoléon n'était qu'une entrave à la défense, les généraux ne savaient que festoyer avec les courtisanes de la cour qui les avaient accompagnés!

Le 20 août, Berthe vint me voir ; on commençait à prévoir l'investissement sinon total du moins partiel de Paris. La pauvre femme voulait m'emmener ou rester avec moi. Je ne pouvais accepter de quitter Paris, je trouvais que mon devoir à moi, habitant de la capitale, était d'y rester et de la défendre dans la limite de mes forces.

Quant à garder auprès de moi ma femme, c'était également impossible, elle se devait à nos enfants. Elle se rendit, non sans peine, à mes raisons et me quitta. Triste séparation! Nous ne pensions pas alors qu'elle dût se prolonger longtemps, ni qu'elle pût être jamais aussi complète; mais néanmoins j'eus le cœur bien malade pendant quelques jours, je sentais cruellement cet abandon, ce vide qui me menaçaient.

Au milieu de ces angoisses, j'appris que M. de Crisenoy, ancien officier de marine, formait, sous le nom de carabiniers du 17e bataillon, une compagnie de volontaires pour la défense de Paris, je pensai que le seul moyen de combattre le marasme, le désespoir, qui m'envahissaient, était de me jeter à corps perdu dans la défense, que cet exemple serait profitable au pays, et enfin qu'en défendant Paris je combattrais aussi pour les miens. J'allai trouver Crisenoy qui m'incorpora immédiatement. Nous étions alors à peine une dizaine, mais notre nombre s'augmentait tous les jours, et dès le 5 septembre notre compagnie s'élevait à plus de cinquante hommes.

Le 1er septembre, le bruit court qu'une grande bataille est engagée. Palikao, suivant son habitude, ne veut rien dire, il prétend seulement que les nouvelles sont bonnes; le 2 et le 3 se passent ainsi : ce jour-là je dînais chez les Odier, qui avaient envoyé leurs enfants au bord de la mer. Nous formions le projet de partir le surlendemain, et d'aller voir, eux à Trouville, moi au Brémien, ces chers aimés dont nous craignions d'être bientôt complétement séparés; nous nous quittâmes à dix heures et demie; en revenant, je trouve sur le boulevard des groupes trèsanimés, on s'arrachait les journaux espérant y trouver quelques nouvelles; ils n'en donnaient aucune. Sur le pont de la Concorde, nouveaux groupes, je vois au milieu d'un d'eux un monsieur qui parlait avec animation, je m'approche et j'entends ces mots : Il s'est rendu avec quatre-vingt mille hommes. — Qui? m'écriai-je. — Napoléon! — C'est impossible! quatre-vingt mille Français ne se rendent pas! J'étais furieux, et j'attachais des regards irrités sur ce monsieur. Il me répondit doucement et en m'affirmant de nouveau ces tristes faits. Hélas! ce n'était que trop vrai; à la grille du Corps législatif, on me les confirme. Je rentre chez moi navré, je me couche; à peine commençais-je à m'endormir, que mon concierge vient me réveiller, me disant que mon bataillon est appelé à la mairie. Je prends mon fusil et j'y cours. On nous conduit au Corps législatif, dont nous occupons toutes les issues. Une séance de nuit était commandée; les députés se réunissent. La gauche leur demande : 1° la déchéance; 2° la formation d'une commission prenant le pouvoir exécutif. Ces dévoués ne veulent rien décider, ils s'ajournent au lendemain midi, malgré les supplications de Thiers, de Jules Favre et de plusieurs autres.

En ce moment, ils étaient maîtres de la situation, il n'y avait pas apparence de troubles dans Paris, personne autour du Corps législatif; une décision, prise par eux, proclamant la déchéance et nommant un gouvernement, affichée avant six heures du matin, eût été acceptée par tous. La troupe et la garde nationale eût acclamé ce gouvernement provisoire, et la France, maîtresse de ses destinées, eût pu s'unir dans un même élan de patriotisme et résister à l'invasion.

A trois heures, ces messieurs vont se coucher, et on nous dit d'en faire autant. Le lendemain, c'était le dimanche 4 septembre, on nous réunit encore et on nous met de piquet place Sainte-Clotilde. Nous voyons beaucoup de monde passer, mais pas de bruit, pas de cris; nous demandons des ordres : il n'y en a pas! A deux heures, ennuyés, nous remportons nos armes chez nous, et je me rends au Corps législatif. Là, j'apprends l'envahissement de la chambre non défendue; la fuite des députés, la proclamation de la République, mais on est calme, pas de chants, à peine quelques cris de : « Vive la République ».

Voilà ce qui s'était passé :

Dès le matin, des bandes de gardes nationaux sans armes, avaient parcouru les boulevards en demandant la déchéance; à midi, elles arrivaient sur la place de la Concorde. Un escadron de gendarmerie fermait le pont, on parlemente, mais les émeutiers ne veulent rien écouter, et forcent le passage qui ne leur est même pas disputé. Ils arrivent devant la grille du Corps législatif, gardée par une compagnie du 6e bataillon; on fraternise, les grilles s'ouvrent, la chambre est envahie; les députés se sauvent, se précipitent dans les corridors, les escaliers, cherchant à fuir par toutes les issues. Alors les députés de Paris proclament la déchéance et le Gouvernement de la défense nationale avec Trochu pour président. Ils se rendent immédiatement à l'hôtel de ville où Rochefort, délivré de Mazas, vient les rejoindre. L'Impératrice fuit avec ses dames et ses officiers.

C'est ainsi que la Révolution est faite, sans une goutte de sang répandu, sans un coup de fusil; le Gouvernement tombe sous le mépris, seule arme digne de chasser de tels hommes aussi lâches devant le danger qu'ils avaient été orgueilleux dans la prospérité. Pauvre France, dans quel abîme de boue l'avaient-ils plongée!

L'après-midi fut magnifique. Une foule immense envahit les boulevards, la rue de Rivoli, les Tuileries; peu de dégâts furent commis, à l'exception des aigles que l'on arrachait ou mutilait. On croyait la guerre finie, on se disait que Guillaume reculerait devant la République; n'avait-il pas annoncé qu'il ne faisait la guerre qu'à la dynastie? Nous devions perdre cette illusion dans un court délai.

La nuit suivante nous eûmes encore à garder le Corps législatif, avec ordre d'empêcher toute réunion des députés. Néanmoins ils se réunirent à notre connaissance dans les salons de la présidence; mais nous trouvâmes inutile de nous y opposer; et en effet, les résolutions qu'ils prirent, si toutefois ils résolurent quelque chose, ne furent jamais publiées. Avant comme après, ces dignes représentants de l'empire ne surent rien faire.

A partir de ce moment commença pour notre compagnie un service qu'en tout autre temps on aurait trouvé excessivement pénible.

Notre capitaine, M. de Crisenoy, avait été nommé commandant, et remplacé par un ancien militaire, X..., bottier, qui fut un excellent officier tant qu'il n'y eut aucun danger à courir. Lesourt, avocat, fut nommé sous-lieutenant, et moi d'abord caporal, puis sergent. Nous avions parmi nous des hommes très-énergiques qui, par leur âge, leur position, auraient parfaitement pu se dispenser de tout service, mais qui voulaient payer de leur personne, et avaient été heureux de se réunir dans une même pensée de sacrifice à la patrie. Je citerai : le marquis et le comte de Biancourt, de Bagneux, de Maleissye, de Plancy, Pozzo di Borgo, de Choiseul, de Montaut, Dulac de Fougères, tous propriétaires; des avocats : Harbelet, Gigot, Renault-Morlière, Choppin; des auditeurs au conseil d'État et à la cour des comptes : Sazerac de Forges, Saint-Raymond, de Richemond, Larnac, Sers; des magistrats : Onfroy de Bréville, Delalain-Chomel; des jeunes gens de moins de vingt ans : Dorian, Husson, Auffray, de Cazes; des médecins : Brongniart, Potain, et beaucoup d'autres, commerçants, industriels, ouvriers. Nos réunions étaient charmantes, remplies de causeries intéressantes et spirituelles. Aussi, parmi nous, jamais un moment d'ennui, jamais de découragement. Je me rappellerai toute ma vie les journées et nuits de bivouac, soit aux remparts, soit en grand'garde, sous le feu de l'ennemi; l'on y trouvait toujours la même bonne humeur, l'esprit le plus fin et le plus gaulois, et je suis sûr que c'est grâce au contact continuel de ces hommes énergiques et excellents, grâce aux bonnes et solides amitiés que j'y ai contractées, que j'ai pu traverser cette affreuse période sans me laisser aller au désespoir causé par l'absence de tous les miens et la privation de toutes nouvelles.

Notre service fut ainsi réglé : tous les trois jours nous passions vingt-quatre heures de garde aux fortifications; nous avions donc deux nuits dans notre lit. Notre première garde se fit au collége de Vaugirard, où les jésuites nous fournirent une salle avec des matelas. Dans la journée, nous fîmes une longue reconnaissance dans les villages d'Issy et de Clamart, et dans les carrières, jardins, terrains en dépendant. A cette époque, on supposait que l'ennemi pourrait attaquer Paris de vive force, et on voulait que nous prissions une connaissance exacte du pays pour pouvoir défendre en tirailleurs les abords de la ville. C'était la première fois que nous sortions le sac sur le dos, et malgré la chaleur, la fatigue d'une marche de plusieurs heures fut bravement supportée. Il n'y avait pas un canon sur les fortifications, les ponts-levis n'étaient pas achevés, pas d'ouvrages avancés, pas de défense! Nous revînmes navrés de cette promenade. Pour nous habituer à la fatigue, on nous fit faire la nuit une patrouille de trois heures, le sac sur le dos. Nous eûmes alors à faire l'instruction des gardes nationaux préposés à la garde des portes et du rempart. Ils ne se doutaient pas du service de campagne; les uns nous criaient le mot d'ordre à 100 mètres pour nous éviter de nous déranger, les autres dormaient. En rentrant, nous nous étendîmes sur nos matelas, et, quoique peu habitués au sommeil commun, sommeil à chaque instant interrompu par une plaisanterie ou une farce quelconque, nous nous reposâmes suffisamment.

Nous allâmes ainsi deux fois au collége de Vaugirard, puis notre poste fut fixé au bastion 72, où nous dûmes coucher sous la tente; mais chaque fois nous faisions dans la journée une reconnaissance extérieure, non pour voir les Prussiens, on les croyait loin, mais pour prendre l'habitude de la marche.

C'est ainsi que s'écoulèrent les premiers jours; dans l'intervalle des gardes, nous avions au moins quatre heures d'exercice par jour.

Le 17 septembre, nous étions de garde; on savait que

les Prussiens approchaient, on nous ordonna une reconnaissance. Nous partîmes avec six cartouches, et, traversant Clamart, nous gagnâmes les bois qui dominent ce village; nous ne vîmes rien de suspect, et cependant, le lendemain, ces bois étaient occupés par les Prussiens. Nous nous étonnions que nos généraux ne cherchassent pas à nous maintenir dans toutes ces positions, faciles à défendre et si utiles pour nous. On les abandonna aux ennemis sans tirer un coup de fusil!

Ce que je n'oublierai jamais, c'est l'aspect de ces malheureux villages à l'approche de l'ennemi.

Depuis quelques jours, il était impossible de se méprendre sur l'idée des Prussiens, ils voulaient assiéger Paris; aussi, tous les habitants de la banlieue procédaient à leur déménagement. Les uns enlevaient leurs effets, leurs meubles précieux, et se sauvaient dans les provinces les plus reculées; les autres, et c'étaient les plus pauvres, entassaient sur des charrettes, sur des voitures à bras, leurs modestes mobiliers; les hommes et les femmes suivaient ou traînaient ces voitures; les enfants et les vieillards s'asseyaient dessus, et par toutes les portes de la ville on voyait de longues files de ces tristes chargements qui cherchaient un refuge derrière nos murs. Les maisons neuves et inhabitées, les logements vacants leur furent attribués; on évalue à plus de cent mille le nombre de ces réfugiés. On voyait également aux portes, mêlés à ces colonnes d'émigrants, des troupeaux de bœufs et de moutons destinés à l'approvisionnement de Paris. Tout cela composait un spectacle navrant, qui se complétait et devenait horrible, lorsque, ainsi que nous le faisions, on parcourait ces villages, si riches autrefois, si animés, et maintenant complétement abandonnés. Plus tard, nous les traversâmes de nouveau; ils étaient encore plus dévastés, les maisons sans fermeture, les toits percés par les obus, les murs crénelés, les rues coupées par les tranchées et les barricades; alors ils ne présentaient plus aux yeux que l'image de la ruine et de la dévastation barbare.

Le 18 septembre, l'investissement se fit; ce jour, je reçus de ma pauvre femme sa dernière lettre; elle était accompagnée d'une autre écrite par mes chers enfants. Ces lettres ne m'ont pas quitté pendant tout le siége, elles ont été avec moi dans toutes mes expéditions; j'y attachais une valeur énorme. Combien de fois ne les ai-je pas lues pendant ces longs mois! Car voilà bien certainement la plus dure souffrance que j'ai éprouvée, la privation complète de nouvelles! Je ne pouvais plus rester seul dans mon appartement, je n'osais entrer dans les chambres de ces pauvres absents, je les fuyais; en effet, lorsque je m'attardais par hasard au coin de mon feu, les idées les plus tristes m'envahissaient. Je suis certain que si je ne m'étais jeté dans une vie toute différente de celle que j'avais menée jusqu'à ce jour, ne pensant plus qu'à défendre notre pauvre France, je serais tombé malade; tandis que, grâce à cette vie active, à cet entourage d'hommes énergiques dans la même situation que moi, non-seulement j'ai résisté à tout, mais encore jamais je n'ai joui d'une plus belle santé.

Le 22 septembre, nous étions de garde; du haut de notre bastion nous assistâmes à la première bataille sous Paris, bataille qui nous fut funeste, puisque nos troupes, affolées de terreur, s'enfuirent devant l'ennemi, et que

Bagneux, Châtillon, Meudon, restèrent en possession des Prussiens.

Jusqu'au 15 octobre, notre vie n'offrit rien de particulier, sauf une excursion que je fis à Créteil avec les mobiles du Loiret.

Le bataillon de M. de la Touanne était campé dans le bois de Vincennes, le long de la Marne; il me proposa de venir voir son campement. Nous partîmes de Paris à cinq heures du matin, et nous nous rendîmes à Charenton, où nous rencontrâmes le bataillon qui allait faire une reconnaissance à Créteil. Passé le pont de Charenton, le pays était complétement désert, Maisons-Alfort abandonné par tous ses habitants, les maisons ouvertes, sans meubles; on avançait dans un silence de mort. A Créteil, nous vîmes des sentinelles prussiennes, qui se retirèrent devant nous, et nous occupâmes tout le village sans la moindre résistance. Nous y passâmes la journée; on fit quelques barricades, on tira quelques coups de fusil, et, à cinq heures, ordre vint de se retirer. Derrière nous, nous pûmes voir les Prussiens reprendre toutes les positions. Les mobiles avaient mis à profit leur journée pour fouiller les maisons, ouvrir les caves, déterrer les cachettes, si bien que la moitié des hommes était ivre. C'était ignoble de voir des Français piller et saccager des maisons françaises, boire le vin, jeter les débris de mobiliers par les fenêtres, et les officiers assister, sans s'y opposer, à ces déprédations! Et partout c'était ainsi : les mobiles, les francs-tireurs, ont fait autant de mal que les Prussiens! Nous revînmes sans beaucoup d'ordre à Vincennes. Il faisait nuit, le bois était entièrement occupé par les troupes, qui avaient dressé les tentes et allumé les feux de bivouac au milieu des arbres, le long des ruisseaux et des lacs ; c'était un spectacle charmant. Je couchai sous la tente, et le lendemain matin je rentrai à Paris, rapportant le plus triste souvenir de la discipline de ces nouveaux corps d'armée, officiers et soldats.

Cependant, les vivres diminuaient ; depuis quelques jours on s'était décidé à rationner tous les habitants pour la viande, soit de bœuf, soit de cheval ; on avait ouvert dans tous les quartiers un certain nombre de boucheries municipales, et chaque ménage devait se faire délivrer au prix de la taxe, à une boucherie désignée, la quantité qui lui était fixée suivant le nombre de têtes composant le ménage. On eut d'abord droit à 150 grammes par personne, puis à 100, et aux mois de décembre et de janvier, à 30 grammes seulement. Pour obtenir ces petites quantités, il fallait faire queue pendant de longues heures ; il y avait des femmes qui se rendaient à la porte des boucheries dès quatre heures du matin, sous la pluie, sous la neige, supportant souvent un froid de plus de 12 degrés, sans une plainte, sans demander une seule fois la capitulation. Elles furent aussi stoïques sous les bombes, et par leur calme et leur énergie contribuèrent d'une manière remarquable à la défense. La viande de notre quartier était abattue à Grenelle ; un piquet de gardes nationaux allait la chercher, la déposait dans chaque boucherie, où un garde restait toute la nuit pour la surveiller. C'était un service excessivement pénible et désagréable ; mais il incombait ordinairement aux compagnies sédentaires, et je n'eus à le faire qu'une seule fois.

Au mois d'octobre également, l'état-major annexa à notre compagnie cinquante hommes venant de Coulommiers, qui s'étaient formés en compagnie de volontaires, sous les ordres du capitaine Brodart. C'étaient en général de braves gens, la plupart cultivateurs, mais sans le même élan que nos hommes.

Chaque fois que nous allions aux remparts, nous demandions énergiquement à être employés d'une manière plus active à la défense de Paris, tous bons tireurs, nous aurions pu rendre de vrais services aux avant-postes; on nous faisait toujours des promesses, et, pour nous faire prendre patience, on nous envoyait en reconnaissance devant les forts d'Issy et de Vanves. Nous vîmes les Prussiens deux fois seulement, mais sans échanger de coups de fusil; nous avions ordre de ne tirer que pour nous défendre, et il est probable que les ennemis observaient la même consigne. Je n'ai jamais pu comprendre comment nos chefs laissèrent nos ennemis tranquilles aussi longtemps, leur donnant ainsi toute latitude pour se fortifier, tandis que, par de petites attaques fréquemment répétées autour de Paris, on les aurait facilement empêchés d'établir les travaux contre lesquels nous sommes venus nous briser plus tard, et en même temps on les aurait obligés à conserver au complet des forces dont ils purent envoyer une partie contre nos armées de province.

A cette époque, Trochu se décida à demander le concours actif de la garde nationale. Un décret parut, autorisant la formation de bataillons de volontaires. Ceux-ci devaient se rendre dans leurs mairies pour signer un engagement qui les soumettait aux lois militaires, et les assimilait à l'armée dont ils devaient faire partie, mais seulement pour la durée du siége et ses besoins. Notre capitaine fit tous ses efforts pour nous empêcher de signer cet engagement, mais Lesourt et moi, nous fîmes tant et si bien que nous enlevâmes tous nos camarades, et la compagnie en masse se rendit à la mairie, où fut signé l'engagement personnel de chacun. Nous complétâmes en même temps les cadres de la compagnie, et je fus nommé sous-lieutenant à l'unanimité. Le lendemain, le journal *le Gaulois* rendait compte de notre démarche, qui ne fut guère imitée; car, au lieu de cent mille volontaires que Trochu demandait, il ne s'en présenta que vingt-six mille, et l'on dut chercher une autre organisation. Les braillards des faubourgs, qui demandaient des sorties, refusèrent de s'engager; ils prétendaient que tous devaient marcher, à commencer par les prêtres !

Le Gaulois, dimanche 23 octobre 1870 :

« Avant-hier 20 octobre, la compagnie de carabiniers « du 17e bataillon s'est rendue à la mairie du VIIe arron- « dissement, et tous les gardes, leurs officiers en tête, ont « signé l'engagement de volontaires.

« Cette compagnie est formée depuis deux mois; elle « avait demandé, à maintes reprises, à faire des sorties; « aussi, tous ont accepté sans hésiter la nouvelle organi- « sation des compagnies de marche.

« Capitaine : M. Goulouzelle, ancien adjudant.

« Lieutenant : M. Lesourt, avocat à la cour de cassa- « tion.

« Sous-lieutenant : M. de Senevas, secrétaire général « de la *Caisse des Familles.*

« Sergents : MM. comte de Chabot, de Sazerac de « Forges, auditeur au conseil d'État; Opoix, commerçant; « de Saint-Raymond, rentier.

« Parmi les caporaux on trouve : MM. le prince Pozzo « di Borgo, Albert Gigot, avocat à la cour de cassation; « Harbelet, avocat au conseil d'État.

« Parmi les gardes : MM. le marquis de Maleissye, pro- « priétaire; le marquis de Biancourt, le marquis de Cazes, « le baron de Plancy, le baron de Richemond, et beau- « coup d'autres noms de l'ancien faubourg mêlés avec « ceux de commerçants, d'avocats, d'ouvriers.

« Tous feront leur devoir devant l'ennemi; c'est un « exemple de fusion démocratique et d'élan patriotique. »

Le samedi 29 octobre, nous avions fait une reconnaissance pendant plus de huit heures, en avant du fort d'Issy, sous une pluie battante, et nous étions rentrés le dimanche harassés. Ce même jour, le bruit courait à Paris que Metz avait capitulé; mais personne ne voulait croire à ce nouveau désastre, qui cependant fut officiellement annoncé le lundi matin. Ce fut une consternation générale, les terribles conséquences de cette capitulation frappaient les yeux des plus optimistes : une armée perdue, un énorme armement entre les mains de nos ennemis, qui, pouvant disposer des troupes considérables occupées jusqu'à ce jour devant Metz, allaient se précipiter sur nous et sur le reste de la France; nous venions, en outre, d'éprouver un échec au Bourget, que nous avions dû abandonner, et cette défaite devait être attribuée à l'incapacité des chefs, qui n'avaient laissé dans cette localité qu'un faible détachement, déjà fatigué par un long combat, au lieu d'y masser de l'artillerie et des troupes fraîches.

Les perturbateurs de Paris crurent l'occasion favorable et voulurent remplacer par la Commune le gouvernement de Trochu. Ils réussirent, vers une heure de l'après-midi, à s'emparer de l'hôtel de ville et de tous les membres du gouvernement qui y siégeaient. Nous ignorions complétement ces faits dans notre quartier, lorsque, vers trois heures, nous entendîmes battre le rappel. Prendre les armes, se réunir devant le Cercle agricole fut l'affaire d'une heure; Crisenoy nous mène à la place Vendôme et nous fait ranger devant l'état-major; le 15e bataillon vient nous rejoindre et se place derrière nous. A l'état-major, il n'y avait pas de chefs. C'est en vain que notre commandant demande des ordres; on lui dit de faire ce qu'il croira utile. Alors, à six heures, il annonce qu'il part pour l'hôtel de ville, où il se fait fort de pénétrer et de délivrer le gouvernement. Rue de Rivoli, nous faisons halte à l'état-major du général Schmidt, qui, lui aussi, ne veut donner aucun ordre; mais un secrétaire de Jules Favre se joint à nous. Nous suivons le Pont-Neuf, les quais de la rive gauche jusqu'à l'île Saint-Louis, que nous traversons, et nous parvenons ainsi sur la place de l'Hôtel-de-Ville, du côté de la caserne; nous nous massons en colonne serrée devant la porte, qui est presque fermée. Le commandant en demande l'ouverture, ceux qui s'en étaient constitués les gardiens refusent et veulent la fermer complétement; mais Crisenoy se retourne vers nous : « Carabiniers, en avant! Enfoncez! » A peine cet ordre est-il donné, que je me précipite en criant : « Poussez! » On poussait aussi en dedans pour fermer la porte; mais cette résistance cède sous notre énergique pression, et les deux battants s'ouvrent avec fracas. J'entre le premier avec Crisenoy, suivi du capitaine, de M. de Chabot et de toute la compagnie. Sous la voûte étaient rangés les tirailleurs de Belleville, le képi décoré du bonnet phrygien brodé en rouge, la baïonnette au canon. Devant notre attitude et la violente poussée que nous opérons, ils reculent, notre bataillon entre, et nous nous massons dans la cour. On nous annonce que Trochu vient d'être enlevé par le 106e, mais que tous les autres membres du gouvernement sont encore prisonniers. Le commandant se met à la tête de notre compagnie, et, malgré la résistance que veulent nous opposer les tirailleurs de Flourens, nous pénétrons dans l'hôtel de ville, montons l'escalier double qui conduit aux grands appartements, refoulons tous les obstacles et nous installons de force dans une salle autour de laquelle sont rangés tous les émeutiers, qui nous menacent de leurs chassepots.

Nous nous trouvons alors dans la position suivante : l'escalier et le palier sont gardés par la 1re compagnie sédentaire; dans la salle, les carabiniers du 17e groupés au centre et entourés par les tirailleurs de Flourens; à notre gauche, une grande porte ouverte donnant accès à la pièce où se trouvent les membres du gouvernement prisonniers, avec Flourens, Ranvier, Delescluze et leurs adhérents; à notre droite, une autre porte par laquelle on communique aux grands appartements, occupés par une foule d'individus à figures patibulaires et par la légion de Tibaldi.

Nous plaçons des sentinelles à cette porte pour intercepter toute communication entre les émeutiers et l'extérieur. On propose alors à notre commandant d'entrer dans la pièce de gauche; il y consent, en posant pour condition que ses carabiniers entreront avec lui. Refus de la part de Flourens. Seul le capitaine Levaux, de la

8e compagnie sédentaire, pénètre dans cette salle et est immédiatement fait prisonnier. A chaque instant, des émissaires, porteurs d'ordre signés Blanqui, cherchent à passer; nous les arrêtons et déchirons les ordres. Un de ces hommes essaye de résister à Crisenoy, je l'empoigne par le cou et le force à abandonner son papier. Blanqui veut sortir; nous le laissons s'engager au milieu de nous, puis nous l'arrêtons malgré la résistance de ses amis. Dans la lutte il reçut de nombreux horions, entre autres un violent coup de crosse du jeune Dorian; nous le faisons passer sur le palier, où nos hommes le gardent.

Cependant, nos factionnaires étaient parvenus à fermer complétement la porte de droite, et le silence paraissait régner dans la salle. Tout à coup nous entendons des coups de hache violemment frappés sur cette porte, qui vole en éclats; par un mouvement instinctif, tout le monde recule à droite et à gauche, et je me trouve seul devant l'ouverture, ayant en avant de moi M. de Bréville. Nous voyons alors les hommes de Tibaldi rangés en bataille et nous couchant en joue. Je sens derrière moi les fusils de mes carabiniers qui s'abaissent, un grand malheur va arriver! Par une inspiration soudaine, je commande de toutes mes forces : « Crosses en l'air! » Ce cri est répété; les tirailleurs de Tibaldi obéissent, les miens aussi, et j'éprouve la satisfaction d'éviter encore l'effusion du sang. Nous formons la haie, et la légion de Tibaldi sort et descend l'escalier sans essayer de résistance. Ces hommes nous regardent avec étonnement; ils sont forcés de reconnaître notre courage. Tibaldi veut sortir aussi, mais nos rangs sont refermés. Crisenoy m'ordonne de l'arrêter; ma main s'égare, et c'est par la barbe que je le saisis; cet homme nous supplie bassement de ne pas lui faire de mal! Ranvier veut aussi passer; il me présente un laissez-passer signé Blanqui, je le lui arrache et le déchire; furieux, il me menace et m'annonce que trente canons vont venir nous mettre à la raison.

Mais, pendant ces luttes, ce qu'il est impossible de décrire, ce sont les mouvements tumultueux, les rixes particulières, les disputes avec les émeutiers. Combien de fois les coups de fusil ont été sur le point d'être échangés et n'ont été prévenus que par le sang-froid et le courage des hommes de notre compagnie, qui ont risqué complétement leur vie pendant les trois heures qu'ils ont passées, enfermés dans cette salle au milieu de fanatiques égarés? Il était neuf heures et demie, Trochu était parti depuis déjà plus de deux heures, Ferry avait profité de notre présence pour s'échapper, mais nous ne savions quelle était notre situation; Crisenoy ne nous voyant pas secourus, nous dit qu'il était temps de songer à la retraite puisque nous avions donné tout le temps au Gouvernement de prendre les mesures nécessaires pour comprimer l'émeute. En ce moment, Flourens se présente. Sans hésiter, nous l'arrêtons, le joignons à Blanqui et à Tibaldi et les confions à l'adjudant-major avec quatre hommes, pendant que nous protégions la retraite. J'ai su plus tard que l'adjudant, arrivé à la porte, l'avait trouvée gardée par les tirailleurs que Flourens appela à son aide, qu'on tira un coup de revolver sur nos gardes et qu'il s'ensuivit une confusion pendant laquelle nos trois prisonniers s'échappèrent.

Au moment où nous sortions de la salle, un coup de revolver part de la porte de gauche, nos armes s'abaissent immédiatement, mais on nous crie que c'est un accident; personne n'a été atteint. Nous continuons notre retraite en descendant l'escalier à reculons et nous arrivons dans la cour où le commandant nous réunit, et d'où il nous dirige vers la porte par laquelle nous étions entrés. La compagnie chargée de la garde de cette porte était partie et les tirailleurs de Flourens en étaient maîtres, c'est par suite de ce fait que nos prisonniers avaient pu s'échapper. Lorsque je me présente avec Crisenoy, on nous signifie que nous ne passerons pas. C'est en vain que nous parlementons, ces drôles arment leurs fusils et les dirigent contre nous. Crisenoy me dit alors : « Vous enleverez ce poste quand je vous le dirai ». Je prends mes dispositions, je groupe mes hommes que je mêle avec les émeutiers, de manière à empêcher ceux-ci de faire usage de leurs armes; seulement je remarque que toutes les marches, le long de la voûte, sont garnies de tirailleurs, et je me dis que notre pauvre bataillon va avoir à supporter une terrible fusillade. De plus, j'entendais distinctement du bruit derrière la porte, et je me demandais si je trouverais là des amis ou des ennemis; je fis ainsi pendant quelques minutes des réflexions assez désagréables. Tout à coup, on appelle les carabiniers : c'est le commandant qui a subtilisé un laissez-passer signé Flourens et destiné au 138e bataillon. Nous sortons par la porte donnant sur la façade, et enfin, après trois heures de luttes, nous nous trouvons sur la place. Ce qu'il y a de plus joli, c'est que Flourens nous croyait prisonniers, que le bruit s'en était répandu dans Paris et que lorsque nous nous rendîmes à l'état-major de Trochu, à onze heures et demie, on fut stupéfait de nous voir libres. Là, on nous remercia. On nous dit que nous avions sauvé Paris, que par notre énergie, nous avions empêché le gouvernement de l'émeute de s'établir, et permis au pouvoir de se reconnaître, de réunir des troupes et de s'appuyer sur notre exemple pour engager la garde nationale à marcher. C'était vrai et ce sera toujours un beau souvenir pour nous et le 17e bataillon.

Le lendemain, les journaux rendaient compte de ces événements ; je donne ci-joint la version de la *Patrie* et celle de Blanqui.

(Note du 22 mars. — C'est à ces faits que je dois d'avoir été condamné à mort le 19 mars par le comité insurrectionnel présidé par Blanqui.)

La Petite-Presse. — La journée du 31 octobre. — Nouveaux détails :

« Parmi les divers récits de ce qui s'est passé à l'hôtel « de ville dans la soirée du 31 octobre, celui de la *Patrie*, « rédigé par un témoin oculaire, se distingue par une « clarté parfaite et un remarquable accent de vérité. « Nous le publions tout au long.

« Ce sont trois bataillons du faubourg Saint-Germain, « le 106e, le 15e et le 17e, qui ont fait hier au soir et pen- « dant la nuit le plus gros de la besogne à l'hôtel de ville « pour délivrer le Gouvernement de la défense et en « expulser celui de la Commune. Tout s'est accompli avec « une résolution admirable et autant d'ordre que pos- « sible.

« Le rappel commença vers trois heures et demie à « battre dans le quartier de ces trois bataillons.

« Quoiqu'ils fussent harassés, le 17e surtout, par une « marche de plus de six heures, faite l'avant-veille jus-

« qu'au-delà du fort d'Issy, en vue des grand'gardes prus-« siennes, sous une pluie battante, ils furent aussitôt sur « pied.

« Le 106e partit le premier. Il arriva par la rue de « Rivoli, tambours et clairons en tête, criant. *Vive Tro-« chu! A bas la Commune!* jusqu'au milieu de la place « de l'Hôtel-de-Ville.

« Après un effroyable désordre et une poussée héroïque « à travers les bataillons qui tenaient là pour la Com-« mune, il se fit ouvrir la grande porte, l'enfonça presque « et entra.

« Il était temps. Tout le Gouvernement était prisonnier « de M. Flourens et des siens.

« Les compagnies du 106e se firent jour au milieu des « masses qui encombraient les escaliers et couloirs, par-« vinrent à la salle où les membres du Gouvernement « étaient enfermés, et malgré l'acharnement de ceux qui « les gardaient, dégagèrent Trochu, Pelletan et Picard.

« Cependant les deux autres bataillons du quartier « Saint-Germain, le 15e et le 17e, s'étaient mis en marche. « De la place Vendôme, leur point de ralliement, ils se « rendirent, par la rue de Rivoli où ils prirent au Louvre « les instructions du chef d'état-major, par le Pont-Neuf, « les quais de la rive gauche, la Cité et le pont Louis-« Philippe, jusqu'à la place qui est derrière l'hôtel de ville.

« Elle était à peu près libre. Le 15e se mit en ligne aux « deux côtés de l'une des portes par lesquelles il fallait « entrer et qui étaient fermées. Le 17e s'avança, ayant « en tête son commandant, M. de Crisenoy, tous ses capi-« taines sabre à la main, et la compagnie d'élite de ses « carabiniers.

« Une sommation fut faite pour que la porte s'ouvrît, « on refusa; mais pour lancer le refus, il fallait entre-« bailler la porte : cela suffit. Le commandant et les cara-« biniers se précipitèrent dans l'ouverture et l'élargirent « par une poussée énergique; tout le bataillon la soutint « et fut bientôt dans une des cours de l'hôtel de ville.

« Il avait mis la crosse en l'air en signe d'ordre et de « paix; il put donc sans trop d'efforts occuper le long « péristyle vitré qui conduit au grand escalier des appar-« tements de l'ancien préfet et aux salons du samedi. Une « ou deux compagnies du 106e qui n'avaient pas encore « quitté l'hôtel de ville lui rendirent en bonnes voisines du « quartier cette installation assez facile. Avec les mobiles « qui se trouvaient là, on put aussi s'entendre, mais ce « fut moins aisé avec le 138e bataillon, du faubourg Saint-« Antoine, qui n'était certainement pas là pour le Gou-« vernement de la défense.

« En voyant la bonne contenance des gardes nationaux « du 17e, il fut toutefois assez calme et même se laissa « masquer sans trop rien dire par la haie qu'on mit de-« vant lui dans toute la largeur du péristyle et de l'esca-« lier.

« On s'était pelotonné quatre par quatre sur chaque « marche jusqu'au haut. Il faisait très-sombre, mais, par « instants, un des battants de la porte qui est sur le palier « s'ouvrait, et il vous arrivait par là de grands jets de « lumière avec d'épouvantables bruits de voix. Là était la « lutte que l'on connut plus tard. Sur l'escalier, on n'en « savait rien que par ces échappées de cris.

« Après une demi-heure de cette halte inquiète, où l'on « ne vit personne que quelques carabiniers du 17e dont

« un avait été blessé au-dessous de l'œil par un coup de « crosse, et où l'on n'entendait rien d'intéressant que ces « trois mots dits par un capitaine qui redescendait : « Blanqui est arrêté », on donna l'ordre de quitter l'esca- « lier et le péristyle et de reprendre position dans la « cour.

« Là, peu à peu tout ce qui s'était passé en haut fut « connu. Les carabiniers du 17e, aussitôt leur arrivée à « l'hôtel de ville, toujours conduits par le commandant, « avaient escaladé résolûment l'escalier, forcé la porte « des appartements, et pénétré jusqu'à la salle où s'im- « provisait la Commune. Flourens, Blanqui, Tibaldi, « entre autres s'y trouvaient, entourés de leurs gardes « du corps de Belleville.

« Le commandant M. de Crisenoy les somme, sans « plus de préambule, d'avoir à quitter la place, et cela « au nom de la légalité qu'ils violaient et du pays dont « ils aggravaient les dangers. Les cris qui lui répon- « dirent de l'effrayèrent pas ; après une discussion tumul- « tueuse et désordonnée, après des disputes mêlées de « coups de poing et de coups de crosse, il fallait en finir. « Ce fut bientôt fait, malgré la résistance des prétoriens « de Belleville, Flourens, Tibaldi et Blanqui furent enlevés « par les carabiniers.

« Par où les fit-on passer, nous ne pouvons le dire. « Ce qu'il y a de certain, c'est que Blanqui, brisé de cette « lutte, tout endolori des coups reçus, fut vu peu après « dans la cour où le 17e avait repris position. Il était « emmené par des carabiniers. Arrivé sous la voûte, vers « la place Lobau, on tenta de le délivrer : un coup de « révolver qui causa une assez vive alerte fut même

« tiré, mais sans qu'il en résultât aucun accident, et, si « nous sommes bien renseignés, l'arrestation put être « maintenue.

« Le 17e bataillon quitta alors l'hôtel de ville, où il « avait ainsi préparé l'heureuse rentrée qu'y fit quelques « heures plus tard le gouverneur de Paris avec ses « collègues de la défense nationale. »

Le Moniteur universel. — LA VÉRITÉ SUR LE 31 OCTOBRE, PAR M. BLANQUI :

« M. Blanqui fait un récit de l'émeute du 31 octobre, « qu'il appelle la vérité sur le 31 octobre. On verra que « le citoyen Blanqui avait pris toutes ses précautions; « l'énumération des ordres qu'il a donnés est très-curieuse, « il s'en trouve comme celui-ci d'une naïveté désespé- « rante : — Ordre aux commandants des forts de surveiller « et de repousser avec énergie toutes les tentatives des « Prussiens.

« Nous pouvons garantir à M. Blanqui que le 17e ba- « taillon n'a pas levé ses crosses en l'air. En entendant « tirer un coup de revolver, le 17e s'est mis sur la défen- « sive et a chargé ses fusils pour répondre à une attaque « probable. C'est ce mouvement qui a permis au citoyen « Blanqui de s'échapper, et je vous assure qu'il n'était « pas à son aise.

« Passons maintenant au récit suivant, écrit par M. Blanqui :

« Les journaux de la réaction ont fait de la nuit du « 31 octobre un récit complétement mensonger.

« La calomnie est leur habitude, on ne change pas « les habitudes.

« Cependant, comme la crédulité publique accueille « indifféremment tout ce qu'on lui offre, le citoyen « Blanqui se croit tenu de dire sa participation aux faits « du 31 octobre.

« Le citoyen Blanqui n'ayant point de bataillon sous « ses ordres, depuis son remplacement à la tête du 169e, « n'a point marché sur l'hôtel de ville.

« Il a été informé vers cinq heures du soir que son nom « figurait sur la liste du nouveau pouvoir proclamé à « l'hôtel de ville.

« A six heures, il s'est rendu au poste où l'appelait la « volonté populaire, et n'a pu pénétrer qu'avec beaucoup « de peine dans l'intérieur du palais.

« Il a été accueilli avec une vive satisfaction par les « citoyens réunis dans une salle où se trouvait une table « chargée de papiers.

« On l'a invité aussitôt à entrer en fonctions comme « membre de l'autorité nouvelle. Sur sa demande, où se « trouvait le citoyen Flourens, on lui a répondu qu'il « gardait à vue les membres de l'ancien gouvernement « et ne pouvait quitter son poste.

« Il a essayé de se rendre auprès de son collègue pour « conférer avec lui. Il n'a pu y parvenir, par suite de « l'opposition obstinée faite à son passage par des gardes « nationaux du 106e bataillon qui gardait la porte d'en- « trée.

« Comprenant le danger de cette situation, il est rentré « dans la salle où il avait été reçu d'abord, et s'est occupé « exclusivement de pourvoir à la sûreté de l'hôtel de ville « et des fortifications. Il a rédigé et signé *seul* les ordres « suivants :

« Ordre de fermer toutes les barrières et d'empêcher « toutes communications qui pourraient informer l'ennemi « des dissensions soulevées dans Paris.

« Ordre aux commandants des forts de surveiller et « repousser avec énergie toutes les tentatives que feraient « les Prussiens.

« Ordre à divers chefs de bataillon, une vingtaine en- « viron, de rassembler leurs soldats et de les conduire « sur-le-champ à l'hôtel de ville.

« Ordre à des bataillons déjà réunis sur la place, d'en- « trer immédiatement dans le palais pour en garder les « portes et protéger l'intérieur.

« Ordre à ces mêmes forces de faire sortir de l'hôtel « de ville le 106e bataillon, composé de légitimistes et de « cléricaux du faubourg Saint-Germain.

« Une partie de çes ordres furent exécutés, les autres « ne purent l'être.

« Le citoyen Blanqui, averti que des bataillons hostiles « agissaient avec violence dans l'intérieur contre le pou- « voir populaire, voulut de nouveau rejoindre le citoyen « Flourens, dont il demeurait séparé, à son grand dé- « plaisir.

« Il se rendit auprès de lui et, revenant en sa compa- « gnie vers la salle qu'il avait quittée, il dût traverser une « pièce qui venait d'être envahie par le 17e bataillon, « composé aussi de gardes nationaux du faubourg Saint- « Germain. Ces gardes nationaux se débattaient avec des « citoyens formant l'entourage de Flourens.

« Reconnu par eux, le citoyen Blanqui devint à l'instant « même l'objet spécial de leurs attaques. Une lutte vio- « lente s'ensuivit entre les deux partis. Elle se termina

« par l'enlèvement de Blanqui qui fut horriblement mal-« traité et rejeté, à demi étranglé, dans un corridor où « se trouvaient d'autres gardes du 17e.

« Plus humains, ceux-ci le déposèrent sur un banc, où « il put recouvrer la respiration. Il se trouva là près de « Tibaldi, qui avait été également arrêté et accablé de « coups. On lui avait arraché les cheveux et la barbe « qu'il porte luxuriante.

« Lorsque Blanqui eut repris ses sens, le gardes du 17e « qui l'avaient traité avec humanité, l'emmenèrent pri-« sonnier entre deux haies de soldats des 17e et 15e « bataillons, jusqu'à une grande porte fermée, au bout « d'un vestibule pavé de cailloux.

« Devant cette porte se trouvaient sept ou huit citoyens « armés, qui interpellèrent le 17e sur le prisonnier qu'ils « conduisaient. Un des gardes de ce bataillon, d'une « stature colossale et d'une vigueur herculéenne, se pré-« cipita aussitôt sur l'intervenant, le saisit à la gorge et « le cloua sur la porte avec une force irrésistible. En « ce moment un coup de pistolet éclata dans ce groupe « en lutte.

« Les gardes nationaux du 17e se retirèrent précipi-« tamment par tous les escaliers qui aboutissaient au « vestibule, en levant la crosse en l'air, et le citoyen « Blanqui resta seul, au milieu de la salle, entre les deux « partis en présence.

« Après quelques mots sur la nécessité de ne pas « répandre de sang, il rejoignit ses libérateurs. C'étaient « les tirailleurs de Flourens, il leur devait la liberté, « peut-être la vie, car, à la rage que les sacristains du 17e « laissaient éclater, alors même qu'ils se sentaient enve-

« loppés et contenus par les forces populaires, on peut « deviner qu'ils auraient mis en pièces l'objet d'une haine « si farouche s'ils l'avaient tenu loin de tout péril.

« Blanqui était resté vingt minutes prisonnier entre « leurs mains.

« Le citoyen Blanqui n'a pas seulement pris à l'hôtel « de ville un morceau de pain, ni un verre d'eau, sauf « les deux gorgées qu'il a avalées sur les instances d'un « garde national du 17e, après son assommement. Que « les camarades de ce garde ne lui en veuillent pas trop « de cette humanité ; elle ne l'a pas empêché de faire « son service comme escorte du prisonnier. »

A minuit et demi, je rentrais chez moi et je trouvais sur ma cheminée un mot de Mme Prieur; il était trop court, hélas! mais il me donnait de bonnes nouvelles de Berthe et de mes chers enfants, ils se portaient bien et devaient être à Londres. Ma belle-mère et Victor étaient à Elbeuf en bonne santé. Cette lettre était du 22 octobre; ma joie fut profonde, et du fond de mon âme s'éleva un immense remercîment pour cette bonne grand'mère dont le cœur avait trouvé moyen de faire pénétrer jusqu'à moi ces quelques lignes. Jusqu'à ce moment j'avais cru ma femme restée en Bretagne, chez Mme de C..., c'était là que je lui adressais tous les deux jours une lettre destinée à la rassurer; je lui écrivis dès lors à Londres, mais je ne pensais pas qu'elle y resterait, et après de longues indécisions je crus bien faire, à la fin de novembre, en envoyant toutes mes lettres chez Mme Quesné. Ce séjour de Londres me causa de vives inquiétudes; je n'avais, de plus, aucunes nouvelles de mes parents, et je craignais toujours que les émotions de la guerre ne leur soient funestes! Jamais ceux qui n'ont pas eu à supporter ces longs silences, ne pourront se faire une idée des tourments qu'on éprouve. Que de fois, lorsque le temps était beau, n'ai-je pas calculé que les pigeons porteurs de dépêches arrivaient, que peut-être je serais au nombre des élus, car plusieurs de mes amis en recevaient assez fréquemment; cet espoir fut déçu pendant de longs mois, et j'étais presque tenté de détester ceux qui étaient favorisés. Et puis je me disais qu'on ne m'envoyait rien parce qu'il était arrivé un malheur. Mais lequel? Ah ! chers aimés, vous ne saurez jamais tout ce que j'ai souffert ainsi! Et si j'ai la haine du Prussien, c'est surtout à ces souffrances morales qu'il faut l'attribuer. Pourrai-je un jour entendre sonner l'heure de la vengeance?

Ainsi que je l'ai dit, Trochu n'avait trouvé qu'un petit nombre de volontaires, insuffisant selon lui. Aussitôt après le vote du 4 novembre, il décréta la formation de compagnies de guerre : chaque bataillon devait fournir cinq cents hommes, pris d'abord parmi les volontaires, puis les célibataires, hommes mariés, etc. Notre compagnie forma naturellement la 1re compagnie de guerre du 17e bataillon. On procéda immédiatement à notre équipement, chaque homme reçut un chassepot, capote grise, sac, couverture, toile de tente, puis les gamelles, bidons, marmites, enfin l'équipement complet du soldat. A dater de cette époque, nous étions sous la dépendance du ministère de la guerre, et entièrement assujettis à la discipline militaire. Ce fut assez long à organiser, non chez nous, mais dans les autres compagnies, car pour éviter de partir, aux hommes mariés non volontaires, on fit des recherches dans le quartier, où on trouva beaucoup de jeunes gens qui s'étaient cachés, avaient évité tout service, et qu'on s'empressa d'incorporer. Nous établîmes de suite une discipline excessivement sévère, et ces réfractaires firent de bons soldats, grâce aux solides éléments existant déjà. Aussitôt ces bataillons de guerre formés, on les constitua en régiments qu'on appela régiments de Paris. On nous réunit à trois autres bataillons dont la composition et l'esprit étaient complétement différents des nôtres; aussi, nous ne pûmes jamais établir de liens avec eux. Nous formâmes ainsi le 9e régiment de Paris, dont Crisenoy fut nommé colonel.

Les compagnies sédentaires du 17e bataillon nous offrirent un punch d'adieu; ceux qui restaient étaient pour la plupart, au fond du cœur, très-satisfaits de ne pas s'exposer; beaucoup auraient bien pu et dû partir avec nous, mais ils trouvaient plus agréable de nous envoyer au feu, et, sans le dire, pensaient que les volontaires étaient un peu fous.

Le dimanche 27 novembre était d'abord la date fixée pour notre départ, mais il fut remis au lundi. Le colonel nous avait trouvé un aumônier, le Père Perraut, de l'Oratoire, homme charmant, rempli de cœur, de dévouement; il nous invita à entendre sa messe le dimanche, à midi, à Saint-Thomas; tout le bataillon s'y rendit en uniforme, et occupa la nef, tandis que les bas côtés étaient remplis de parents, d'amis, de curieux. Ce fut vraiment un beau et touchant spectacle. Immédiatement après on nous passa en revue sur la place des Invalides, puis nous revînmes au conseil d'État où, depuis la formation de nos compagnies de guerre, se trouvait notre quartier général,

3

et on nous distribua deux jours de vivres que les hommes durent emporter sur leurs sacs. C'est alors que je pus me réjouir d'être officier, car j'avais droit à faire porter dans une voiture qui suivait le bataillon, une valise et mon grand sac en peau de mouton, et je n'avais pas à m'occuper des vivres.

Le 28, à neuf heures du matin, le bataillon se réunit sur le boulevard Saint-Germain; toutes les compagnies sédentaires avaient voulu nous accompagner jusqu'aux portes de Paris, le maire et les adjoints jusqu'aux limites de l'arrondissement. Les habitants du quartier vinrent nous voir et nous applaudir; beaucoup de figures étaient attendries; on n'entendait que des paroles de félicitation et d'espoir; plusieurs parents me recommandèrent personnellement leurs fils, leurs frères. Sur tout le parcours on nous saluait, on nous adressait des paroles d'encouragement. Il en fut de même chaque fois que nous eûmes à faire un déplacement. Il faut, du reste, le dire, notre bataillon était très-beau, très-bien équipé, manœuvrait parfaitement; il avait une réputation, et moi qui marchais toujours en tête, j'en étais très-fier. La veille, j'avais fait mes adieux à mes amis; on ne savait pas ce qui nous attendait, et beaucoup d'entre nous avaient répandu plus d'une larme. Quant à moi, je ne pouvais plus être séparé, et j'emportais partout le souvenir des chers absents.

Nous marchâmes d'une traite jusqu'à la barrière d'Italie, où nous fîmes halte. Là, on se sépara de tous ceux qui avaient voulu nous suivre; nous passâmes les ponts-levis, et nous entrâmes dans la campagne. Après avoir dépassé le fort de Bicêtre, un officier d'état-major nous dit de marcher en avant, qu'on allait nous porter des ordres; arrivés aux premières maisons de Vitry, le colonel nous fait arrêter. Nous pûmes alors commencer à admirer l'ordre qui règne dans les états-majors : nous étions sortis de Paris à une heure, et à quatre heures nous avions déjà reçu trois ordres et trois contre-ordres! Enfin, on nous dit de camper où nous étions et, au besoin, de prendre possession des maisons. On commençait à s'installer, à préparer les feux, lorsqu'à cinq heures arriva un nouvel ordre. Il nous faut aller occuper la brasserie Reuter, située à une lieue de là sous le fort d'Ivry; il faisait nuit, il pleuvait, et c'est en maugréant qu'on fit cette nouvelle course à travers champs. Mais la brasserie était remplie de mobiles, dont nous dûmes attendre le départ, et ce ne fut qu'à neuf heures du soir que l'on put s'y établir dans de très-mauvaises conditions. Cette brasserie se composait de deux bâtiments principaux assez éloignés l'un de l'autre, un magasin dans lequel les hommes campèrent, exposés à tous les vents, et la maison d'habitation dont l'état-major s'empara. Les fenêtres n'avaient plus de carreaux, les portes étaient défoncées; nous mîmes nos sacs de peau sur les planchers, et après un souper plus que léger, la fatigue nous fit dormir, malgré le bruit des batteries du fort qui ne cessaient de tirer et dont les obus passaient en sifflant sur nos têtes.

Cet établissement avait été la propriété d'un Prussien. Des caves immenses dans lesquelles on descendait par un escalier de cent dix-neuf marches s'étendaient, prétendait-on, jusque sous le fort. En les visitant, nous trouvâmes des tonneaux encore remplis de bière, et nous dûmes mettre des sentinelles pour empêcher les hommes du bataillon d'abuser de ces provisions.

Le lendemain, on nous laissa reposer jusqu'à midi; mais alors survint un ordre de nous faire partir à trois heures avec tentes et sacs pour nous diriger du côté de Choisy. Nous recevions en même temps les journaux de Paris nous annonçant la grande sortie de Ducrot et nous nous enflammions à la lecture de sa magnifique proclamation. Aussi les fatigues de la veille et celles inhérentes à un premier campement sont-elles vite oubliées. On fait la soupe, on mange comme on peut, on boucle les sacs, chaque homme se charge de ses cent cartouches et nous partons. Nous traversons Ivry, le village est abandonné, il y règne un silence de mort; les maisons et les murs sont crénelés, les rues sont traversées par des tranchées, les routes principales barrées par de hautes barricades; nous passons Port-à-l'Anglais et nous nous engageons sur la chaussée du chemin de fer de Lyon. Les ordonnances se croisent, partout des mouvements de troupes, les ordres et les contre-ordres se suivent; enfin nous arrivons à un pont qui traverse le chemin de fer, on nous guide et nous entrons dans un champ où on nous dit de camper sans faire de feux. La nuit était sombre, il tombait une petite pluie fine, qui bientôt cessa et fit place à un vent glacial. Les hommes s'étendirent sous leurs tentes, mais le terrain était tellement humide que ce repos ne pouvait être que malsain; aussi je réclamai énergiquement auprès du colonel, et à une heure du matin, je parvins à obtenir l'autorisation d'établir des feux de bivouac; quant à moi, je passai toute la nuit à marcher, croyant le mouvement préférable pour ma santé. Vers trois heures, les forts d'Ivry, de Charenton, de Bicêtre, les redoutes du Moulin-Saquet et des Hautes-Bruyères, ainsi que celles qui étaient établies à notre droite et à notre gauche et que nous n'avions pu voir à cause de l'obscurité, ouvrirent leurs feux sur les positions des Prussiens. Ce fut un spectacle grandiose et un bruit épouvantable. Les obus se croisaient sur notre campement, leur sifflement mêlé aux détonations, les éclairs des batteries et ceux provenant de l'éclatement des projectiles, tout dans le premier moment fut de nature à jeter l'effroi dans d'aussi jeunes troupes; les Prussiens tiraient également, et leurs balles sifflaient à nos oreilles. Peu à peu on s'habitua à ces diverses impressions, et lorsque le jour parut, on était presque aguerri; on nous fit faire alors un mouvement sur notre gauche vers la Seine. Du côté de Créteil et du Montmesly, un grand combat était engagé. Nous entendions les détonations de l'artillerie, les craquements stridents des mitrailleuses, mêlés aux feux de pelotons; nous pouvions juger par la fumée de la position des combattants et suivre les diverses phases de la bataille. On envoya des hommes de corvée chercher un peu de nourriture qu'on avala debout, et nous prîmes position devant la Gare-aux-Bœufs, déployés en tirailleurs pour appuyer les marins, qui attaquaient ce point avec de l'artillerie de campagne; derrière nous, étaient massées des troupes et de la mobile. Nous vîmes tomber des artilleurs, des marins; les blessés qu'on rapportait traversaient nos rangs. Les obus prussiens furent bientôt dirigés sur nous; on nous fit coucher et, en quelques minutes, je comptai cinq obus passant précisément au-dessus de nous et éclatant à quelques mètres en arrière. Toute notre compagnie fit très-bonne contenance. Nous assistâmes ainsi l'arme au pied à toute la partie de la bataille du 30 novembre, qui eut lieu le long de la Seine et devant Choisy, attendant les ordres qui devaient nous envoyer attaquer cette ville. A cinq heures, on nous fait replier, on abandonne la Gare-aux-Bœufs, et nous rentrons à la brasserie à huit heures du soir, exténués de cette journée; aussi personne ne se fit prier pour dormir.

Le lendemain, on nous fait repartir dès neuf heures du matin et reprendre nos positions de la veille devant Choisy; mais, ce jour, pas un coup de canon ne fut échangé.

Le soir à neuf heures, le colonel nous ordonne d'être prêts le lendemain 2 décembre, à trois heures du matin, l'attaque devant recommencer. En effet, à l'heure dite, toutes les batteries tonnent, et nous gagnons rapidement notre place de bataille. Cette fois, nous sommes en première ligne, et la compagnie est désignée pour aller attaquer Choisy. Nous franchissons une petite tranchée, et nous nous massons avec une compagnie de marins derrière un groupe d'arbres. A côté de nous, sur les voies du chemin de fer, stationnent deux locomotives blindées portant chacune une pièce de canon servie par des artilleurs de la marine; elles ne cessent de tirer, ainsi que les autres batteries, pour protéger notre attaque. C'est un des moments les plus désagréables dans la guerre, attendre l'ordre du départ pour une action très-vigoureuse où l'on risquera sa vie! les plus braves font alors de sérieuses réflexions. Deux heures se passent dans cette attente, puis un contre-ordre arrive; nous repassons la tranchée et rentrons dans nos quartiers. A peine y étions-nous que, sans nous donner le temps de manger, on envoie notre compagnie, à deux lieues de là, appuyer un mouvement. Nous nous dirigeons à travers champs vers l'endroit indiqué, nous y arrivons à dix heures et demie du soir, et nous trouvons l'artillerie qui dételait; on venait encore d'expédier un contre-ordre. Il nous faut regagner notre gîte, et avec quelle humeur! Beaucoup commençaient à être éreintés de cette vie, de ces marches, de ces jours sans nourriture. Le froid était très-vif, plusieurs cas de dyssenterie se présentaient, notre campement à la brasserie était détestable, et nos médecins déclarèrent au colonel que, si nous ne changions pas, ils auraient énormément de malades.

Le 3, on nous fait repartir toujours pour le même point; l'intelligence de l'état-major était telle, qu'il nous avait fait camper à deux lieues environ des lignes d'où partaient les attaques que nous étions chargés de fournir! Nous passons notre journée en marches et contre-marches entre Vitry et Choisy, et enfin, à quatre heures, un officier d'état-major apporte l'ordre de nous établir dans Vitry, que nous devions occuper à l'avenir dans sa partie la plus rapprochée de Choisy. Il fallut chercher des maisons : mon capitaine avait pris, dès le premier jour, l'habitude de se faire porter malade et de rentrer à Paris; mon lieutenant, Lesourt, avait attrapé un refroidissement dans la nuit du 30 novembre; c'était moi qui de fait commandais la compagnie, et ce fut ainsi pendant toute la campagne. J'installai mes hommes dans une maison sans meubles, bien entendu, mais bien close, et pour moi je trouvai un bois de lit muni de sa sangle, c'était un vrai luxe; puis, je dus aller chercher avec une dizaine d'hommes tous les bagages restés à la brasserie, autre corvée dont je me serais bien passé; néanmoins, je rentrai vers onze heures et fus heureux de m'étendre sur un bon lit !

Notre service fut alors ainsi organisé; chaque jour deux compagnies étaient de grand'gardes pendant vingt-quatre heures, dans la tranchée en avant de Vitry, à environ cinq cents mètres de Choisy. Les Prussiens avaient eux-mêmes une tranchée qui se trouvait à cent cinquante mètres de la nôtre. On partait à quatre heures du matin, sans bruit, et la garde montante relevait la garde descendante dans l'obscurité. Si quelque imprudent faisait du bruit, les Prussiens tiraient immédiatement sur nos tranchées, et il s'ensuivait de très-vives fusillades dont il fallait se garer. Pendant ces vingt-quatre heures, les hommes étaient de faction une heure sur deux, et ceux qui se reposaient ne devaient même pas se laisser aller au sommeil. Les officiers avaient pour consigne de surveiller sans cesse les sentinelles et la campagne, de crainte de surprise. Ils devaient toujours être debout, et pour s'assurer que ce service était bien fait, il y avait fréquemment des rondes d'officiers supérieurs. Nous avions à côté de nous une compagnie de mobiles; le bataillon qui nous fut ainsi adjoint était de l'Auvergne; nous fîmes promptement connaissance avec les officiers, qui parurent très-contents de nous avoir; il trouvaient en nous des auxiliaires excellents pour la discipline et la surveillance. Nous prîmes très-vite l'habitude de ce service; les coups de fusil nous laissaient indifférents. Il y avait des créneaux ménagés dans le remblai de la tranchée; on dédaigna bientôt ce moyen de regarder sans danger, on passait la tête au-dessus de la tranchée, et les officiers se promenaient tranquillement sur le remblai; c'est une imprudence que jamais nous n'avons vu faire aux Prussiens, et cependant ceux-ci n'épargnaient pas la poudre; à chaque instant nous entendions les balles frapper sur la terre gelée; néanmoins, pendant les vingt-cinq jours que je passai en deux fois à Vitry, il n'y eut que deux hommes tués! Nous avions construit des gourbis: c'étaient des trous d'un mètre environ de profondeur, dans la paroi desquels on creusait une cheminée, on recouvrait le tout d'une toiture en branches et terre, et de temps en temps on venait s'y réchauffer et surtout s'y enfumer. Lorsque les feux étaient trop vifs, ils servaient la nuit de point de mire aux Prussiens; mais malgré toutes les observations et les consignes, malgré les avertissements donnés par le sifflement des balles, jamais on ne put obtenir de modérer ces feux. Pour les alimenter, on avait d'abord coupé tous les arbres qui se trouvaient dans le voisinage; quand cette ressource fut épuisée, on démolit deux maisons dont la destruction avait été commencée par les obus, et on brûla tous les bois de charpente et de menuiserie. Enfin, dans une magnifique fabrique de plâtre qui était à l'extrémité de nos lignes, on découvrit l'entrée d'une carrière qui contenait une provision de bois; elle fut vite expédiée, au grand désespoir du propriétaire qui, venant de temps en temps de Paris, où il s'était réfugié, voyait chaque jour sa ruine augmenter. Il y avait une haute cheminée dans laquelle on pouvait monter assez facilement; presque tous les jours nos meilleurs tireurs s'établissaient alternativement à son sommet, d'où la vue plongeait dans les lignes prussiennes; c'étaient alors des feux continuels sur les ennemis, qui perdirent ainsi beaucoup de monde.

Notre nourriture était passable, nous touchions des vivres de campagne d'assez bonne qualité; tous les officiers s'étaient réunis en mess; nous avions pour cuisinier un chef émérite, forcé par la loi d'entrer dans nos compagnies. Un d'entre nous avait été désigné comme chef de popote, et grâce à des achats assez nombreux de conserves, nous vivions suffisamment bien; le fond de notre cuisine reposait sur le riz, le chocolat et le café. Le pain était bon, et nous en avions assez pour ne pas toucher au biscuit de distribution. Quand on était aux tranchées, nos ordonnances nous apportaient nos repas, mais cette cuisine, passable lorsqu'elle était servie de suite, devenait détestable froide, par suite de la mauvaise qualité de la graisse employée, alors notre ressource était le chocolat. On faisait aussi de grandes marmites de café et de vin chaud dans lesquelles chacun puisait; on n'était pas dégoûté les uns des autres, et cependant on avait souvent les mains bien sales!

Les hommes se nourrissaient par escouade de dix ou douze: on était de cuisine l'un après l'autre avec la plus grande égalité; il en était de même pour toutes les corvées de propreté, le balayage, le récurage des ustensiles de cuisine; jamais personne ne s'y refusa. Je vis des corvées destinées à aller chercher du bois, composées de MM. de Biancourt, Pozzo, de Choiseul, des avocats aller chercher des vivres; on riait de tout cela. Certaines escouades donnaient des dîners, des punchs; j'y fus souvent invité, et quelquefois je trouvai des mets remarquables, depuis les andouilles de chien, les chats sautés, jusqu'aux gigots de chèvre et filets d'âne. Les sous-officiers dont faisaient partie Sazerac et Saint-Raymond, se soignaient très-bien; dans la tranchée, quand ce qu'on m'envoyait du mess était trop défectueux, j'allais leur mendier un peu de nourriture. Nous avions formé entre nous trois une liaison très-intime; bien souvent nous mangions dans la même gamelle, buvions dans le même quart; pendant les froides nuits de décembre nous nous tassions les uns contre les autres pour tâcher de nous réchauffer. Que de conversations sérieuses alors, et comme on apprend vite à se connaître! Aussi les amitiés formées pendant ce temps, lorsque chaque minute peut amener un danger terrible et la mort même, sont-elles solides; on a su s'apprécier, on a dû compter les uns sur les autres, et toute la vie on se souviendra!

Je fus le plus heureux de toute ma compagnie et même du bataillon, sous le rapport de la santé, car il n'y en eut pas un qui ne payât son tribut à la fatigue, au froid, à la mauvaise nourriture; moi seul fus toujours épargné; je ne manquai jamais un jour de service, et en cela tout le mérite doit en être attribué à mon excellent tempérament. J'avais même une mine resplendissante, je maigrissais seulement un peu.

Nous avions établi un vaguemestre qui, tous les jours, venait chercher les lettres à Paris et y déposait les nôtres. J'écrivais toujours à ma pauvre femme et j'adressais mes lettres à ma belle-mère. Un jour, je vis dans un journal que les Prussiens se vantaient d'être à Rouen! A partir de ce moment, les idées les plus noires m'envahirent; vainement mes amis cherchaient à me consoler : presque tous recevaient des dépêches; moi, je n'avais pas une ligne ! Je voyais Elbeuf pillé, Victor et sa mère au milieu de ces ignobles et féroces Allemands, et les miens, où ?

Nous rentrâmes à Paris le 8 décembre pour y prendre un peu de repos; on nous fit une amicale et chaude réception dans le quartier. La première nuit que je couchai dans mon lit, je ne pus y dormir, tant j'étais étonné de me trouver dans des draps; j'avais pris l'habitude de dormir avec mes vêtements, il me parut désagréable de me déshabiller, et c'était froid. Mais ce ne fut qu'une sensation passagère. La grande difficulté du moment était de trouver à se nourrir; presque tous les restaurants étaient fermés, et ceux qui restaient ouverts avaient exagéré leurs prix. Cependant, on me voyait souvent au quai d'Orsay; le propriétaire était un brave homme, il me fit des concessions; sa femme, très-zélée pour la défense, me donna au moment de mon départ une médaille, me disant qu'elle me porterait bonheur. Du reste, partout je ne recueillais que des témoignages de sympathie. Sazerac m'emmenait fréquemment chez lui; il avait un enfant de trois ans et demi, et sa femme, me le voyant embrasser avec joie, prétendait que ce n'était pas lui que j'embrassais, mais bien mes enfants absents ! Je dînais aussi souvent chez les Odier, qui étaient excellents pour moi.

Mais ce séjour ne fut que de courte durée : dès le 11, nous recevions nos vivres et ordre de départ pour le 12. Ce fut la même sortie, le même accompagnement que la première fois. A Vitry, nous ne retrouvâmes plus nos maisons; elles étaient occupées; il nous fallut chercher de nouveau, et nous dûmes faire plusieurs déménagements. Les mobiles de l'Auvergne nous reçurent avec joie; ceux qui nous avaient remplacés pendant ces six jours n'avaient pas gagné leur estime, et c'était la raison qui avait motivé notre brusque départ. Il arriva ainsi que les meilleurs bataillons de guerre furent astreints à un service très-pénible, pendant que les autres restaient tranquilles dans Paris, protégés par leur mauvaise conduite ou leur lâcheté.

Cette campagne fut beaucoup plus dure que la précédente : le froid était très-vif, la Seine était prise, la terre gelée à 50 centimètres de profondeur. Il tombait une neige fine et froide, la bise sifflait, les Prussiens tiraient plus fréquemment, il fallait redoubler de surveillance. Plusieurs fois, en revenant de faire vingt-quatre heures de grand'gardes, nous dûmes encore passer la journée debout sur la route, prêts à marcher, parce qu'on craignait les attaques. Les hommes se reposaient imparfaitement; les chambres, pour la plupart mal closes, étaient presque impossible à chauffer, surtout à cause de la difficulté qu'on éprouvait à se procurer du bois sec; on coupait le parc de Mme Dubois, mais ce bois vert, qu'on allait chercher bien loin, brûlait difficilement; il en fallait des quantités effroyables et le mélanger avec des débris de placards, de menuiserie, des parquets, enfin tout ce qu'on trouvait. Dans les gourbis, le vin gelait auprès du feu; quant au pain, il l'était constamment, et le pain gelé est bien mauvais. Je me rappellerai toujours la nuit de Noël, où nous eûmes à supporter plus de 15 degrés de froid. La surveillance des sentinelles était devenue presque nulle; les officiers durent faire le service à leur place; plusieurs cas de congélation partielle se produisirent. Cette nuit-là, on ne se tira pas un coup de fusil, et les Prussiens eux-mêmes firent des feux dans leurs tranchées; ce fut la seule fois. Nous étions tous tristes : ces fêtes de famille nous pesaient sur le cœur; nous pensions involontairement à nos parents, à nos amis, à ceux que nous croyions être au milieu de nos ennemis! La nourriture était chaque jour plus difficile à trouver, et souvent l'on manquait du nécessaire; il fallait se rejeter sur le riz et le café.

La troupe perdait visiblement courage; c'est en vain que nous cherchions à remonter le moral des soldats et des mobiles qui nous entouraient, il était certain qu'il n'y avait plus que nous qui pensions sérieusement à la défense. Le 25, le bombardement des forts de l'Est était commencé, et à chaque minute nous nous attendions à être bombardés également; les Prussiens, du reste, s'y essayaient de temps en temps. Ils tentèrent aussi deux surprises, les 26 et 27, contre nos tranchées; reçus par une vigoureuse fusillade, ils se retirèrent. Mais, à ce propos, on peut juger de la précision des ordres que les généraux donnaient : un soir, à dîner, je demande au colonel ce que je dois faire si je suis attaqué par des forces nombreuses, il me répond sans hésiter : « Vous abandonnerez la tranchée, et vous vous replierez sur Vitry ». Le lendemain soir, j'étais de grand'garde; un général vient passer son inspection et me dit : « Vous serez certainement attaqué cette nuit; vous savez que votre consigne est de résister à tout prix, et de vous faire tuer plutôt que d'abandonner cette tranchée! » Et en même temps il me désigne la place où il établit ses réserves, pour me mettre à même de le faire prévenir; cette réserve était campée à plus de vingt minutes de distance. Quelque temps après, je vois un amiral qui m'annonce également l'attaque; quant à la consigne, il doit en conférer avec le général et me la faire connaître. Jamais je n'ai appris le résultat de leur conférence! Il n'en est pas moins vrai que si j'avais été attaqué par des forces considérables, je me serais défendu, et la position étant détestable, nous aurions été tués ou faits prisonniers avant que nos réserves aient pu venir à notre secours. Les Prussiens se contentèrent de tirer de loin, et le 30, au moment où le bombardement attaquait la rive gauche, on nous fit rentrer dans Paris; il n'y avait pas moyen, en effet, de rester dans Vitry, qui était ouvert à tous les feux des batteries prussiennes. Nous revenions à Paris pour le jour de l'an. Hélas! quel triste jour!

J'allai demander à dîner aux Odier; ils m'annoncèrent qu'ils avaient disposé de moi pour le 1er janvier, et qu'ils m'emmèneraient chez un de leurs amis. J'acceptai avec reconnaissance, car, rester seul, j'en étais complétement incapable. Le 31, nous fîmes une visite de corps à notre colonel, et j'écrivis de tristes lettres à mes chers absents.

Le 1er, à cinq heures du matin, on vient me réveiller : il faut partir avec armes et bagages pour la gare Saint-Lazare; nous sommes quinze mille hommes dans la gare; un train est prêt à nous emmener par le chemin de ceinture! C'est sans doute une attaque que l'on prépare. La journée passe lentement, tristement, sans ordres, toujours à attendre. Ah! je m'en souviendrai de ce 1er janvier 1871! A cinq heures et demie, je recommande à deux gardes de venir me prévenir en cas de départ, et je cours chez Odier, tout honteux de me présenter chez des étrangers en semblable costume. J'avais mes grandes bottes, ma capote, mon sabre et revolver, sac, bidon, couverture en sautoir. Mme Odier me fait entrer ainsi chez ses amis, où j'ai un vrai succès de costume! Mais quel bon dîner : potage, filet de cheval, magnifique jambon, pommes de terre, œufs, pouding au biscuit de troupe, confitures, et un petit morceau de fromage apporté par un des convives; du vin exquis; il y avait longtemps qu'aucun de nous n'avait assisté à un pareil luxe gastronomique. La maîtresse de maison avait ses deux enfants en Suisse, chacun des convives était séparé des siens; on but à la santé des absents, mais tous pleuraient! A neuf heures, je rentrais à la gare au moment où nous recevions ordre d'aller coucher chez nous.

Les premiers jours de l'année furent très-calmes, sauf le bombardement, qui excitait des colères furieuses, mais qui nous laissait du reste parfaitement indifférents. Mme Sazerac avait déménagé; son mari déjeunait avec moi et Saint-Raymond; quant au dîner, nous cherchions notre vie, et nous parvenions à nous nourrir à la condition de ne pas être difficiles et de ne pas faire des recherches approfondies sur la nature des mets qu'on nous servait. Nous fîmes une partie chez Véfour pour manger de l'éléphant, que nous trouvâmes bon; je donnai à Mme Odier vingt-cinq œufs, ainsi qu'à Mme Sazerac; ce furent mes cadeaux d'étrennes, et ces dames furent enchantées. Le pain devenait infect, et dans beaucoup de restaurants chacun était obligé d'apporter sa portion; je pus, grâce à mes relations avec les médecins du bataillon, me procurer plusieurs fois du pain à peu près blanc destiné aux ambulances; je le donnais à ces dames, à leur grande satisfaction. Quant à moi, je mangeais mon biscuit quand je n'avais plus de pain de nos distributions.

Le 6, nous reçûmes ordre de préparer nos sacs, mais cette fois les officiers eux-mêmes ne devaient pas avoir de voiture pour porter leurs bagages, et chaque homme était forcé d'emporter quatre jours de vivres sur le dos. On nous distribua ces vivres; nous allions partir lorsqu'un contre-ordre arriva. On nous dit de conserver la distribution et de nous tenir prêts à marcher au premier signal. Il paraît que l'attaque projetée avait dû être remise par suite de nouvelles apportées le matin même par pigeon. Bienheureux pigeon ! Outre les dépêches du Gouvernement, il en avait apporté quinze mille; mais il fallut bien des jours pour les déchiffrer, jours d'attente anxieuse s'il en fut ! Déjà je désespérais, lorsque le 16 je reçus enfin ce télégramme de ma belle-mère : « Berthe et ses enfants bien portants à Londres; allons bien ». C'était court et daté d'Elbeuf, 30 novembre; mais enfin j'avais des nouvelles, et je pouvais, l'esprit plus tranquille, affronter les dernières épreuves de ce siége.

Le mercredi 18 janvier, on nous réunit à huit heures du matin: on complète la distribution de vivres et à quatre heures nous quittons la place des Invalides. J'avais moi-même repris le sac qui contenait mes provisions pour quatre jours et, comme d'habitude, je commandais l'avant-garde. Nous suivons l'avenue de Neuilly et arrivons à neuf heures du soir à l'entrée du pont. Nous avions mis cinq heures à faire ce trajet, par suite de l'encombrement des troupes qui toutes étaient obligées de suivre la même route hérissée de barricades, et de passer la Seine sur le même pont. Un capitaine d'état-major nous guida dans Courbevoie et nous fit faire halte à dix heures et demie, le long de la Seine, sur le chemin de hallage. Le froid était vif, le brouillard nous pénétrait de son humidité, aussi le colonel ne voulut pas nous laisser dans cette position. Il nous fit entrer dans une grande usine, fabrique de machines, où l'on établit immédiatement de vastes foyers au milieu des forges, ce qui permit aux hommes de se réchauffer et de faire la soupe et le café. A onze heures et demie, le colonel réunit tous les officiers, il nous annonce que nous faisons partie d'un corps d'armée de cent mille hommes qui va tenter une grande sortie, et que notre régiment est désigné pour marcher en tête de la brigade commandée par le colonel Colomieu faisant fonction de général, division Bellemare. Notre bataillon prenait la droite avec ordre d'enlever le parc de Buzenval, dont le mur crénelé par les ennemis se trouve à peu près au milieu du versant de la colline de Garches. Notre compagnie avait droit à marcher la première, et le colonel demande à notre capitaine si la première section pourra faire cette attaque, qui exigeait beaucoup de vigueur et de rapidité. Cette section devait se déployer en tirailleurs dans la plaine, monter la côte au pas de course sous le feu de l'ennemi, escalader le mur et pénétrer dans le parc; le reste de la compagnie et le bataillon suivraient en colonne pour soutenir l'attaque. Le capitaine hésite; je prends de suite la parole et je dis au colonel qu'il peut compter sur ses carabiniers, que nous saurons bien enlever les positions. Dès lors, je reçois mes instructions : je serai appuyé à droite par la ligne, à gauche par les zouaves, personne ne doit s'arrêter pour soigner ou ramasser les blessés, ordre de brûler la cervelle à ceux qui reculeront; je prends connaissance exacte des lieux sur les plans et cartes, et je vais retrouver ma compagnie à laquelle je communique mes ordres. Tous acceptent joyeusement ce combat et me remercient de les avoir fait désigner pour marcher en tête ; nous passons ensemble cette veille nous faisant nos recommandations en cas de malheur.

A trois heures du matin tout le monde était prêt ; nous suivons l'avenue de Courbevoie où se trouvent des masses de troupes et d'artillerie, nous contournons le Mont-Valérien à travers champs et dans une obscurité complète. J'avais ordre de suivre comme guides une compagnie de francs-tireurs, mais la nuit était tellement sombre que j'avais souvent beaucoup de peine à les voir ; de plus, la marche de notre bataillon se trouvait retardée par les difficultés du terrain tellement détrempé, qu'on enfonçait dans la boue jusqu'au-dessus des chevilles. Il en résulta que je me trouvai bientôt seul avec les francs-tireurs et dix hommes qui m'avaient suivi. C'est en vain que je détache plusieurs de ces messieurs à la recherche du bataillon, ils reviennent sans avoir pu le trouver. Je me rends du côté de la Fouilleuse d'où doit partir l'attaque, et je m'adresse à des généraux, à des officiers d'état-major, personne n'a vu le 17e ; il est évident qu'il s'est égaré. J'étais désespéré. Le Mont-Valérien avait donné le signal de l'attaque, la fusillade commençait ; j'aperçois alors le colonel de Crisenoy qui, me voyant, s'écrie : « Voilà enfin mon 17e ». Hélas ! lui-même le cherchait depuis deux heures. Je lui rends compte de ma position, il me dit que malgré tout, puisque j'avais quatorze hommes qui m'avaient rallié, nous allions suivre le mouvement, et nous nous rendons sur le lieu du combat à la place qui nous était désignée. Au moment où je déploie mes hommes en tirailleurs à côté des zouaves, nous voyons enfin arriver notre 17e qui, après bien des marches et contre-marches, avait fini par trouver son chemin. La colonne d'attaque se forme; nous montons la côte à travers les champs et les vignes sous le feu des Prussiens qui, cachés derrière le mur et le bois, ne cessaient de tirer sur nous. Un homme tombe, plusieurs sont légèrement atteints; à côté de nous, des zouaves et des soldats sont tués; les balles sifflent sans répit. Nous avançons toujours, tantôt debout, à genoux, couchés, sans riposter. Enfin nous sommes près du mur, je vois une brèche, je crie : « En avant! Vive la France! » Je m'élance, toute ma compagnie me suit, et le premier j'escalade, le revolver au poing, ce mur derrière lequel je ne savais ce que nous allions trouver.

Derrière le mur, le silence! Les Prussiens s'étaient retirés. Nous nous déployons immédiatement dans le bois et nous arrivons ainsi sur le penchant d'une petite vallée déboisée où nous recevons une vive fusillade partant du coteau opposé; nous y répondons énergiquement, et le commandant des zouaves ordonnant à ses hommes de traverser la vallée, j'en fais autant, et je parviens de l'autre côté, sous les coups de fusil, sans perdre un homme. Le commandant de zouaves me dit alors en me tendant la main : « Vous êtes des braves, maintenant nettoyons le bois ». J'avais en ce moment conscience de ma grande responsabilité; j'étais seul officier avec plus de la moitié de ma compagnie, et ce fut ainsi toute la journée. Cette responsabilité fut la cause à laquelle j'ai attribué depuis le sang-froid, le calme, qui ne m'ont pas fait défaut un instant, et pour lesquels j'ai reçu tant de félicitations.

J'entrevois les Prussiens qui se replient devant le mouvement tournant que je fais exécuter à mes tirailleurs, et bientôt nous sommes maîtres de tout le plateau. Nous avons traversé les tranchées, les abattis d'arbres exécutés par les ennemis, mais nous arrivons au mur qui nous sépare de la plaine, dans laquelle est établie la batterie ennemie dite de la Bergerie; je donne ordre d'ouvrir la brèche dans le mur et d'enfoncer une petite porte que j'y ai découverte. Ce fut promptement terminé; je trouvai derrière ce mur un fossé assez profond, dans lequel j'établis mes hommes, et nous commençons une vive fusillade contre les Prussiens que nous voyons à environ deux cents mètres, et qui cherchent à nous débusquer en nous criblant de balles; heureusement, j'avais placé ma compagnie à l'abri.

Le but que l'on m'avait assigné était atteint, le colonel me fait dire de rallier le bataillon; je laisse un détachement de ligne pour garder le fossé, et je me replie sur le 17ᵉ que je retrouve à quelques centaines de mètres en arrière. Il était alors neuf heures. Deux heures nous avaient suffi pour enlever toutes les positions, mais l'artillerie n'avait pu nous suivre, par suite du défoncement du terrain; nous ne pouvions donc nous emparer ni de la batterie de la Bergerie, ni de deux maisons crénelées, situées au bout du parc, qui nous dominaient entièrement, et d'où les ennemis ne cessaient de tirer sur nous. Plusieurs fois, Crisenoy inquiet de ne rien entendre sur notre droite, m'envoie en reconnaissance pour vérifier si l'ennemi ne cherche pas à nous tourner. A onze heures seulement, nous entendons de ce côté les attaques du corps de Ducrot qui s'avance, mais dont le mouvement est évidemment trop ralenti. Enfin la journée se passe à écouter les balles siffler à nos oreilles; elles finissent malheureusement par nous tuer plusieurs hommes et par en blesser un plus grand nombre. Mais sur notre gauche, les zouaves sont bien plus éprouvés. Je vais les voir avec Crisenoy. Nous trouvons des tués, des mourants, des blessures horribles; c'était un spectacle d'autant plus affreux que les ambulanciers se refusaient à venir les chercher sous la grêle de balles à laquelle nous demeurions exposés.

A quatre heures et demie, je venais d'envoyer plus de la moitié de la compagnie chercher les sacs qui avaient été abandonnés lors de l'assaut du mur, lorsque à droite, à gauche et devant, la fusillade redouble d'intensité; les balles sifflent et frappent les arbres avec fracas, les obus éclatent autour de nous. Sous l'effroyable vigueur de cette attaque le bataillon plie, et je vois le moment où le mur va tomber au pouvoir de l'ennemi. Dans cette circonstance, Crisenoy est superbe. Il rallie avec de Villeneuve les autres compagnies, et moi j'enlève une quarantaine d'hommes avec lesquels je me porte au pas de course au secours de la ligne qui défendait le mur. Il était temps. Nous ouvrons un feu très-vif et enfin repoussons cette attaque qui a duré plus d'une heure et pendant laquelle, chose merveilleuse, je n'ai pas perdu un homme. Quant à moi, à mon grand étonnement, pas une balle ne m'a atteint.

La nuit tombait. Je reçois deux exprès du colonel, l'un M. Renaut-Morlière, garde de ma compagnie, l'autre capitaine de francs-tireurs. Ils m'annoncent que le 17e bataillon va faire sa retraite; quant à moi et aux hommes que j'ai ralliés près du mur, nous devons rester avec le commandant du 136e de ligne qui a remplacé les zouaves à ma gauche, puis lorsqu'il le jugera convenable, *j'effectuerai ma retraite comme je le pourrai, je tâcherai de sortir par la brèche d'entrée, et si je parviens à gagner la plaine, je me débrouillerai à mon idée.* (Textuel.) Ces ordres me montrent clairement dans quelle situation nous nous trouvons; je connais les positions occupées par l'ennemi, j'en conclus que mon détachement est sacrifié pour protéger la retraite, et que notre sort sera indubitablement d'être tués ou prisonniers. J'en confère avec deux officiers d'autres compagnies qui m'avaient suivi et s'étaient mis à ma disposition : nous attendrons les événements. Deux attaques successives se produisent; nous les repoussons avec succès et nous entendons à peu de distance les gémissements des blessés prussiens. Mais notre situation nous causait une profonde tristesse, j'essayais vainement de plaisanter, je ne trouvais pas d'écho. Nous sommes restés ainsi jusqu'à dix heures du soir. Enfin, comme depuis quelque temps, il me semblait voir ou plutôt entendre des mouvements dans le bois sur notre ligne de retraite, je voulus à tout prix sortir de cette situation et je priai MM. Duhamel et Saint-Raymond d'aller voir si nous avions devant nous des amis ou des ennemis. Ils acceptent cette mission qui pouvait être mortelle, je leur serre les mains et j'attends. Une demi-heure se passe ainsi. Enfin je les entends, ils arrivent joyeux, le bataillon n'a pas fait sa retraite, il est là et le colonel me demande. Quelle sensation de délivrance! Le colonel me dit qu'au moment de faire sa retraite, il avait reçu un nouvel ordre d'après lequel on devait coucher sur les positions conquises; mais il considère cela comme impossible, attendu que le bataillon est seul, isolé au milieu des Prussiens qui l'entourent déjà de trois côtés, et sans notre défense du mur, nous serions enlevés depuis longtemps. Il attend donc de nouveaux ordres, mais je dois de suite me replier sur le bataillon. A minuit enfin, le général Bellemare nous fait dire de battre en retraite. Nous exécutons notre marche en silence, en colonne serrée, et à une heure du matin, nous franchissons la brèche, nous contournons le Mont-Valérien, passant au milieu des campements de troupes qui étaient restés toute la journée dans la plaine à attendre les ordres pour nous soutenir, et après une marche de quatre heures, nous arrivons à Courbevoie, harassés, n'ayant rien mangé depuis vingt-sept heures, et nous étant battus pendant près de quinze heures ! Dans l'usine nous retrouvons les hommes que j'avais envoyé chercher les sacs, et qui n'avaient pu me rejoindre dans le parc à cause de l'attaque et d'une marche de flanc des Prussiens qui les avaient complétement séparés de nous. Ils nous croyaient perdus, tués ou prisonniers; tout le monde l'avait dit dans la plaine. Ce fut alors que je pus apprécier toutes les chaudes amitiés qui m'entouraient; pas un qui ne vînt à moi me serrer les mains, me féliciter. Ce fut un moment qui me toucha profondément.

Nous sûmes depuis, qu'une demi-heure à peine après notre départ, les Prussiens avaient pris possession de toutes nos positions avec des forces tellement considérables que le plus léger retard dans notre retraite aurait été cause de notre perte totale.

On m'annonce de la part du colonel que je serai cité à l'ordre du jour de l'armée et proposé pour la croix. J'en suis content, non pour moi, je n'ai fait que mon devoir, mais ma pensée se reporte sur mes chers absents, sur mes amis, qui, je le sais, seront heureux et fiers de cette distinction.

Le vendredi soir, nous rentrions à Paris bien fatigués, profondément attristés de cette retraite. Nous suivons l'avenue des Champs-Élysées au milieu d'une foule sympathique qui applaudit à notre conduite déjà connue de tous; le lendemain, mes amis venaient m'apporter leurs félicitations, et les témoignages que je reçus furent certainement la meilleure récompense de ma conduite pendant ces longs mois de siége.

Je joins ici un extrait du compte rendu de cette dernière bataille, publié par le journal *le Français* dans son numéro du 22 janvier :

« LA BATAILLE SOUS PARIS.

« ... C'était, on peut dire, l'espérance suprême, et « l'opération qu'on allait tenter en essayant de forcer sur « ce point les lignes d'investissement serait décisive si « elle réussissait : on se trouverait, les premières défenses « de Garches et de Buzenval emportées, d'un bond et « comme de prime saut au cœur des positions prus- « siennes...

« Les cent mille hommes qui constituaient l'effectif « des troupes engagées étaient divisés en trois corps « d'armée. L'aile gauche était placée sous les ordres du « général Vinoy; on ne s'attendait pas à ce qu'elle fût « aux prises avec beaucoup de difficultés... Le centre « était placé sous les ordres du général de Bellemare; « c'est le centre qui devait enfoncer entre Garches et « Buzenval la pointe de l'attaque principale, après avoir,

« en avant de la Fouilleuse, balayé les avant-postes prus-« siens.

« L'attaque principale était évidemment sur Buzenval, « au centre; mais l'attaque difficile, c'était celle que l'aile « droite, commandée par le général Ducrot, devait me-« ner contre la Jonchère...

« Dès la veille au soir et durant toute la nuit, les mou-« vements des troupes avaient eu lieu pour conduire « au-dessous et autour du Mont-Valérien les masses con-« sidérables qui devaient opérer dans la journée. Ces « mouvements avaient-ils été accomplis avec toute la « rapidité, tout l'ordre, toute la précision désirable? Il est « permis d'en douter. Le rapport militaire publié par le « *Journal officiel* constate le retard considérable qui a « empêché l'aile droite d'arriver sur les positions qu'elle « devait prendre à l'heure indiquée. *Malheureusement*, « dit le rapport officiel, *la voie ferrée se trouva obstruée* « *et la route était occupée par une colonne d'artillerie* « *égarée*. Les voies par lesquelles on dirige les colonnes, « le matin d'une bataille, ne doivent pas être *obstruées*, « et les colonnes d'artillerie ne *s'égarent* pas...

« ... L'effort de l'aile gauche avait été honorable, celui « du centre sur Garches et Buzenval devait être héroïque.

« Le général de Bellemare, au début de la journée, « s'était emparé de la Fouilleuse, grande ferme entre le « Mont-Valérien et la route de Rueil à Montretout. Les « Prussiens n'avaient à la Fouilleuse qu'un avant-poste, « et ils n'y firent pas une sérieuse résistance; ils se re-« plièrent au-delà de la route de Rueil à Saint-Cloud, « partie vers la maison du curé de Garches, partie der-« rière les murs de Buzenval.

« L'attaque de Buzenval, nos braves soldats s'avançant « contre ces murs crénelés, d'où partaient sans interrup- « tion les décharges des bataillons prussiens, sous le feu « des projectiles lancés contre nous par les batteries dis- « posées en arrière, cette lutte opiniâtre, sanglante, aux « progrès lents, aux efforts laborieux; le marquis de « Coriolis tombant des premiers; le 17e bataillon, hardi- « ment commandé par M. de Crisenoy; le commandant « de Rochebrune frappé au cœur pendant qu'il donne à « ses hommes placés en réserve l'ordre d'avancer : il con- « viendrait de retracer chacun de ces traits du tableau « général et d'en marquer l'importance; mais la vue de « l'ensemble ne doit pas être gênée par l'examen des « détails, si grands que soient ceux-ci. Buzenval, ce châ- « teau où certains membres de la famille impériale sont « venus tant de fois passer de gaies après-midi et ont « dirigé tant de joyeuses parties de plaisir, apparaissait « réellement sinistre au milieu des nuages blancs de la « fusillade; chacune des mottes de terre de ce parc a été « marquée d'un peu de sang, et contre les troncs des « vieux arbres combien de soldats et combien de citoyens « se sont-ils appuyés pour mourir !

« Pendant que le centre s'emparait de Buzenval, l'aile « droite, arrivée en retard, s'engageait dans l'espèce de « gorge désignée sous le nom de *Porte-de-Longboyau*... « La lutte fut terrible, il fallait à tout prix passer par le « Longboyau pour soutenir le centre, qui s'était emparé « de Buzenval, et emporter toute la ligne des points atta- « qués... Les chefs voyaient l'inefficacité des efforts; « eussent-ils été aussi malheureux si, au lieu d'entrer à « Rueil vers dix heures, la colonne avait commencé son

« attaque au petit jour. Si l'attaque par l'aile droite eût « réussi, les résultats de la journée eussent été, sans nul « doute, bien différents. Des trois points objets de l'at- « taque, deux seulement avaient été emportés; le troi- « sième restant à l'ennemi, ni Buzenval ni Montretout ne « pouvaient être conservés par nous. Le rapport militaire « paraît attribuer la retraite qui attrista la fin de la jour- « née à un retour offensif des Prussiens en forces consi- « dérables. Ce retour devait être prévu. Les troupes qui « sont venues reprendre les positions que nous avions « arrachées le matin au prix de tant de sacrifices n'étaient « pas tellement fortes que nous n'eussions pu leur tenir « tête si nous avions eu à nous, à midi, la Jonchère et « Longboyau, la Jonchère, dont nous n'avions pas touché « la crète à trois heures !... »

Le 22, des démonstrations ont encore lieu à l'hôtel de ville; on nous réunit dès le matin, et on nous laisse sur la place, sous la pluie, depuis neuf heures du matin jusqu'à deux heures après minuit. Nous trouvons tous qu'on abuse de nous; le colonel partage cet avis, et le lendemain il porte notre réclamation à l'état-major, qui finit par l'accueillir favorablement, et il est décidé que dorénavant nous resterons consignés dans notre quartier.

Le *Journal officiel* du 30 janvier contient une promotion de décorations; pas un nom de notre pauvre compagnie n'y figure; nous en sommes tous plus qu'étonnés, après ce que nous avons fait depuis cinq mois. En revanche, les capitaines d'habillement et d'armement sont décorés, sans doute, dit un de nos camarades, *pour la bravoure qu'ils ont montrée en s'embusquant derrière leurs chenets.* Quelques heures après, on me convoque au milieu de ma compagnie, et ces messieurs me remettent la lettre suivante :

Paris, ce 30 janvier.

Monsieur le baron Raoul de Senevas, sous-lieutenant de la 1re compagnie du 17e bataillon de guerre.

CHER MONSIEUR,

Notre compagnie, qui depuis quatre mois a appris à vous apprécier, espérait voir ce matin votre nom au *Journal officiel.* Contre toute attente, elle ne l'y a pas trouvé.

Elle tient d'autant plus à vous dire toute son estime et toute sa sympathie, au moment où nous allons nous séparer les uns des autres.

Elle tient surtout à vous dire que, si les élections avaient eu à répartir les récompenses pour la journée du 19 janvier, votre nom aurait été le premier entouré d'un suffrage universel.

Permettez-nous, à nous qui vous avons vu à notre tête pendant cette journée de sacrifices et de dévouement, de vous offrir, faute de mieux, ce témoignage, et de vous prier en même temps d'agréer nos amitiés bien cordiales.

Signé : LESOURT, — Mis DE BIANCOURT, — Cte DE BIANCOURT, — SAZERAC DE FORGES, — DE RICHEMOND, — ONFROY DE BREVILLE, — Cte DE CHABOT, — DE BAGNEUX, — F. POZZO DI BERGO, — AUDRAIN, — RIQUIER, — P. SAINT-RAYMOND, — FORT, — OPOIX, — AUFFRAY, — DE CALAN, — SERS, — BRONGNIART, — H. FAY, — DELALAIN-CHOMEL, — LENORMAND, — DORIAN, — DE SAINT-SENOCH, — PICK, — DE CAZES, — DE BEAUFOND, — MILLAR, — LARNAC, — ROBERT, — Aug. CAILLE, — HANROT, — HARBELET, — LEBORGNE, — GIGOT, — ROUVEYRE, — GAILLAC, — TABERNAT, — DANNÉ, — HOUDAILLE, — AFFRE.

Comme commandant du 17e bataillon, je suis heureux de m'associer aux témoignages de sympathie offerts à M. de Senevas; j'ai été aussi sensible qu'aucun à l'absence de son nom dans la promotion du 30 janvier. J'espère que nos démarches feront réparer un oubli. En attendant, je tiens à écrire toute l'estime et l'affection que je partage pour sa personne avec tous ses camarades.

Le Capitaine commandant le 17e bataillon,

DUCREST DE VILLENEUVE.

Je m'associe complétement au témoignage de M. de Villeneuve et aux sentiments qu'il exprime à l'égard de M. de Senevas.

Le Lieutenant-Colonel commandant le 17e bataillon et le 9e régiment,

J. DE CRISENOY.

En écoutant la lecture de cette lettre, que je garderai toujours comme un précieux titre de famille, je fus saisi d'une profonde émotion, et c'est les larmes aux yeux que je remerciai mes valeureux compagnons d'armes de leur touchante démarche.

Le lendemain 31 janvier, parut à l'*Officiel* la citation à l'ordre du jour de l'armée des noms de tous ceux qui s'étaient distingués par leur bravoure; cette fois, nous y trouvons mon nom; mais le colonel m'annonce publiquement que je recevrai, sous peu de jours, la décoration qui, selon lui, m'est due.

Deux jours après, la compagnie m'acclame pour son capitaine.

Jusque-là, je n'avais reçu aucune nouvelle des miens; l'armistice était signé, mais les ennemis ne laissaient pas entrer les lettres. Enfin, le *Gaulois* reproduisant les annonces du *Times*, je trouve dans ce journal quelques lignes me donnant de bonnes nouvelles de ma femme, de mes enfants, de toute ma famille. Ils sont à Londres; je n'hésite plus, je me fais délivrer un laissez-passer, et le 6 février je pars à pied, sac sur le dos; je traverse Saint-Denis, je fais mes vingt-quatre kilomètres et j'arrive à la station de Gonesse, où les Prussiens me permettent, moyennant le prix d'une place en première classe, de monter dans un wagon à charbon, qui met dix heures pour arriver à Amiens. Le temps me paraissait long; mais je voyais le but, j'allais enfin revoir mes bien-aimés!

Après quarante-huit heures d'un voyage bien pénible, j'arrivai à Londres à six heures du matin, j'y surpris femme et enfants! Au milieu d'eux je trouvai la compensation de tous les sacrifices passés, mais non l'oubli de ma pauvre France, à laquelle je pourrai, je l'espère, donner un jour encore mon énergie et mon dévouement.

R. DE SENEVAS.

Mars 1871.

Journal officiel de la République française. — Mardi 31 janvier 1871 :

« Le général commandant supérieur met à l'ordre les noms des officiers, sous-officiers et gardes qui se sont signalés par leur bravoure devant l'ennemi, le 19 janvier 1871 :

9e RÉGIMENT. — 17e BATAILLON.

Dufour, capitaine.
De la Jaille, capitaine.
Dedicqueuille, capitaine.
Duhamel, lieutenant.
De Senevas, sous-lieutenant.
Chevalier, sergent.
Sazerac de Forges, sergent.
Saint-Raymond, sergent.
De Choiseul, garde.
Larnac, garde.

Evreux, A. Hérissey, imp. — 674.

www.ingramcontent.com/pod-product-compliance
Ingram Content Group UK Ltd.
Pitfield, Milton Keynes, MK11 3LW, UK
UKHW012255240726
13966UKWH00004B/1419